99 kleine Fluchten aus dem Alltag

PAUSE !

arsEdition

Achtsam, selbstfreundlich und verbunden

Wir identifizieren uns im Alltag leicht mit unseren schwierigen Gedanken und Gefühlen und gehen oft kritisch und unfreundlich mit uns selbst um. Dabei fühlen wir uns häufig einsam und von anderen abgetrennt – wir glauben, dass nur wir so leiden. Wenn wir Achtsamkeit und Mitgefühl üben, können wir diesen Denk- und Gefühlsfallen entkommen. Dieses Büchlein will dich dabei unterstützen.

1

Und jedem Anfang wohnt ein Zauber inne ...

Wenn wir dem Leben
mit *Anfängergeist* begegnen,
bleiben unser Geist und
unser Herz offen und neugierig.
Was kannst du heute
mit den Augen eines Anfängers,
einer Anfängerin betrachten?

2

Moment für Moment

Achtsamkeit zu üben bedeutet,
allem, was um dich herum
und in dir geschieht,
deine volle Aufmerksamkeit
zu schenken, ohne zu bewerten
oder zu kritisieren.

Moment für Moment.

3

Bemerken,
wenn du urteilst

Mit Achtsamkeit übst du, die Dinge
so anzunehmen, wie sie sind,
ohne zu be- oder verurteilen.
*Der erste Schritt dahin ist,
zu bemerken, wenn du urteilst.*
Mache dir am Ende des Tages
eine Liste und halte fest, wie viele
Urteile du heute gefällt hast.

4

Dein Körper als Kompass

Die Wahrnehmung deiner Körperempfindungen
bringt dich sofort ins *Hier und Jetzt.*
Zudem ermöglicht es dir, zu spüren, was
dein Körper braucht. Lenke deine Aufmerksamkeit mehrmals täglich auf deine
Körperempfindungen. Was kannst du wahrnehmen? Was braucht dein Körper jetzt?

5

Glaub nicht alles, was du denkst

Viele unserer Gedanken sind belastend und drehen sich im Kreis. Wenn du deine Gedanken beobachten kannst, gewinnst du Abstand zu ihnen. Du weißt dann:

Du hast Gedanken, aber du bist nicht deine Gedanken.

6

Ein wandernder Geist ist ein unglücklicher Geist

In der sogenannten iPhone-Studie der Harvard Universität wurde gezeigt, dass gedankliches Abschweifen unglücklich macht. Was wir denken, beeinflusst unser Empfinden sogar mehr als das, was wir tun. Es lohnt sich also, für unser Wohlbefinden die Aufmerksamkeit aufs Hier und Jetzt zu richten!

7

Präsent sein

Beobachte dich selbst: Wie präsent bist du?
Wie oft bist du mit deinen Gedanken bei der Sache?
Wie oft schweifen deine Gedanken ab?
Nimm wahr, ohne dich dafür zu verurteilen.

Innehalten
im Hier und Jetzt

Welche *Emotionen* kannst du in dir jetzt gerade wahrnehmen? Wo im *Körper* spürst du sie? Sind *Gedanken* mit diesen Emotionen verbunden? Halte mehrmals am Tag inne und versuche, deine Gefühle zu benennen.

9

Name it and you tame it!

Die Wissenschaft hat herausgefunden, dass das Benennen von schwierigen Gefühlen wie Angst oder Stress die Aktivität unseres Angstzentrums im Gehirn reduzieren und uns somit beruhigen kann. Es macht also Sinn, immer wieder innezuhalten und die *eigenen Gefühle wahrzunehmen* und sie innerlich zu benennen.

10

Autopiloten deaktivieren

Welche Handlungen führst
du im Autopiloten aus?
Suche dir eine davon aus und übe,
mit deiner *Aufmerksamkeit*
bewusst dabei zu bleiben.

Selbstmitgefühl

bedeutet, dich in schwierigen
Zeiten selbst so *behutsam
und liebevoll* zu behandeln
wie jemanden,
der dir am Herzen liegt.

12

Goldene Stunde

In den ersten hellen Stunden des Morgens und den letzten des Abends erstrahlt die Welt in goldenem Licht. Bei einem Spaziergang bei Sonnenaufgang oder Sonnenuntergang kannst du in diesem weichen, warmen Gold bewusst baden.

Das Gute am Schlechten ist: Es geht vorbei – das Schlechte am Guten ist: Es geht vorbei

In jedem Augenblick wohnt Transformation. Mit jedem Atemzug veränderst du dich. Achte darauf, wie sich deine Gedanken und deine Gefühle immerwährend verändern. Versuche, diese Veränderung nicht zu bewerten, sondern sie als dynamischen Teil des Lebens zu begreifen.

14

Bei dir selbst einchecken

Nimm dir regelmäßig ein paar Minuten Zeit,
um bei dir einzuchecken:
Wie fühlt sich dein Körper an?
Was tut sich emotional gerade?
Welche Gedanken sind wahrnehmbar?
Hast du einen bestimmten Handlungsimpuls?
Welchen?
*Einfach nur wahrnehmen
und nicht beurteilen.*

15

Guten Morgen

Übe, dir selbst in der Früh
mit den Worten
„Mein Schatz, ich liebe dich!"
von Herzen einen
guten Morgen zu wünschen.

16

Deine Füße als Homebase

Mit Achtsamkeit kannst du in dir selbst einen
sicheren Heimathafen, eine „Homebase",
finden, zu der du jederzeit zurückkehren kannst.
Suche dir dafür ein Objekt deiner Wahl aus, mit
dem du dich bewusst verbindest.
Versuche es mit den Fußsohlen: Nimm dir jetzt
einen Moment Zeit, um deine Füße auf den
Boden zu stellen, und bemerke, was in deinem
Geist vor sich geht. Der Berührungspunkt
zwischen deinen Fußsohlen und der Erde kann
deine Homebase sein. Versuche, so oft wie
möglich im Laufe des Tages deine Aufmerksamkeit dorthin zu lenken, zumindest für
ein paar Sekunden.

Von Luft und Liebe leben

Jedes Einatmen nährt dich mit
lebensspendender Energie.
Jedes Ausatmen bringt dir Entspannung
und Loslassen.
Nimm dir mehrmals am Tag Zeit, um diese
beiden Qualitäten beim Atmen wahrzunehmen.

18

Ich wünsche dir
von Herzen ...

… mögest du glücklich sein,
mögest du sicher sein,
mögest du gesund sein,
mögest du mit Leichtigkeit leben!

Und jetzt du, wiederhole
die Sätze innerlich:
Möge ich glücklich sein,
möge ich sicher sein,
möge ich gesund sein,
möge ich mit Leichtigkeit leben.

19

Powerful NO!

Achtsam und mitfühlend
mit dir selbst zu sein
bedeutet auch, *Nein zu sagen,*
Grenzen zu setzen und
dich für dein eigenes Wohl ebenso
zu engagieren wie für das Wohl
anderer Menschen.

20

Happy Me – Happy You – Happy World!

Eine gute Beziehung zu dir selbst ist
die Basis für Verbundenheit mit anderen
Menschen und für dein verantwortungsvolles
Handeln in der Welt.

21

The Power of Love

Wenn du dich selbst wie jemanden behandelst,
der dir am Herzen liegt, stellst du die Weichen
für erfüllende Beziehungen.

22

Herzöffner

Deine *Freundlichkeit* kann
verschlossene Herzen öffnen.

23

Wunder Leben

Öffne dein Herz
und du begegnest
dem *Wunder Leben*
im kleinsten Grashalm.

24

Innen und außen

Wenn du Achtsamkeit übst,
kannst du wahrnehmen,
was *in diesem Moment gerade*
geschieht und wie du
innerlich darauf reagierst.

25

Ein Löffel Verbundenheit

Mache dir bei der nächsten Mahlzeit bewusst, wie viele Menschen, andere Wesen und Kräfte dazu beigetragen haben, dass du diese Mahlzeit jetzt zu dir nehmen kannst. Bauern und Gärtnerinnen, Sonnenschein, Regen, Mikroorganismen in der Erde, Traktorfahrerinnen, Ernte-helfer, Verkäufer, Transportunternehmerinnen, Köchinnen und Küchengehilfen ... Wer oder was fällt dir noch ein?

Spürst du Dankbarkeit und Verbundenheit?

26

Good Morning Sunshine

Wenn das nächste Mal dein Wecker
in der Früh klingelt, nimm dir
ein paar Atemzüge Zeit, um bewusst
im neuen Tag anzukommen.
*Mit welcher Haltung
möchtest du heute den Tag starten?*
Richte deinen Geist bewusst aus,
zum Beispiel auf Freundlichkeit.

Wertschätzung kultivieren

Du kannst deine Fähigkeit zur Wertschätzung schärfen, indem du übst, das Gute in deinen Freund*innen und Lieben zu sehen. Verinnerliche drei gute Dinge, die du an jemandem in deinem Leben schätzt. Das kann etwas sein, was diese Person getan hat, oder eine ihrer Eigenschaften, die du schätzt.

Und dann teile es dieser Person mit!

28

Die Welt braucht dich

Gerade jetzt braucht die Welt Menschen,
die in ihrer Kraft bleiben, die weiter *Hoffnung*
und *Zuversicht* kultivieren, die imstande sind,
negative Emotionen zu regulieren, die liebevoll
und fürsorglich sind und diese Geistes-
und Herzensqualitäten weiter in die Welt
tragen. Wenn du Achtsamkeit und Mitgefühl
übst, entwickelst du jene heilsame Kraft,
die die Welt jetzt braucht!

Bewusster Optimismus

Wenn du dich gezielt auf die Suche nach
Positivem machst, wirst du erstaunt sein, wie viel
Grund zur Freude jeder Tag bringen kann –
selbst in fordernden Zeiten.
Das wohlige Gefühl des warmen Duschwassers
am Morgen, ein lachendes Kind im Bus, die
liebevolle Umarmung einer guten Freundin,
die Zufriedenheit, ein Projekt abgeschlossen
zu haben ...
Was kannst du heute Positives finden?

30

Mindful Breakfast

Mache dein Frühstück zu deiner *Morgenmeditation*. Nimm dir Zeit, es mit allen Sinnen zu genießen. Betrachte die Farben und Formen, spüre die Konsistenz und die Temperatur. Welche Gerüche dringen durch deine Nase zu deinem Gehirn? Welche Geschmackserlebnisse hast du im Mund? Wie lange spürst du den Schluck Tee oder Kaffee auf seinem Weg durch deine Speiseröhre zum Magen? Welche Geräusche nimmst du beim Essen und Trinken wahr?

31

Wut unterscheiden lernen

Wut kann destruktiv sein, wenn du an ihr festhältst, sie kultivierst und dir dabei selbst Schaden zufügst, indem du dich innerlich immer wieder aufregst und hasserfüllte Gedanken und Gefühle nährst.

Wut kann aber auch kraftvoll und gesund sein, wenn sie dich vor Grenzüberschreitungen achtloser Menschen schützt. Dann kann sie dir die nötige Power geben, dich zu wehren, Dinge zu verändern oder dich aus toxischen Beziehungen zu lösen.

32

Love it, change it or leave it

Achte darauf, ob du dich immer wieder über die gleichen Dinge aufregst und dem gegenwärtigen Moment mit innerem Widerstand begegnest, denn damit nährst du selbst dein Unglück.

33

Irren ist menschlich

Wenn dir das nächste Mal
ein Fehler passiert, der dir peinlich ist,
rufe dir eine Person in Erinnerung,
der etwas Ähnliches passiert ist.
*Spürst du die Kraft und den Trost
der Verbundenheit?*

34

Was wünscht sich dein Körpertier?

Spüre in deinen Körper hinein:
Welche Bewegung wünscht sich das Tier,
das in deinem Körper steckt,
jetzt gerade von dir? Will es stehen,
sitzen oder liegen? Sich dehnen
oder strecken? Springen oder laufen?
Erfülle ihm seinen Wunsch!

35

Selbstkritik macht krank

Wenn du dich innerlich selbst harsch kritisierst,
versetzt du dich in einen
Flucht-Kampf-Erstarrungs-Modus.
Dabei erzeugt dein Körper Stresshormone,
die auf Dauer dein Immunsystem schwächen
und dich krank machen können.

36

The Sounds of Silence

Der Stille wohnt eine
transformierende Kraft inne.
Nutze sie, sooft es dir möglich ist.

Hand aufs Herz

Du kannst selbst deinen Fürsorgemodus aktivieren, indem du deine Hand auf dein Herz oder eine andere Stelle deines Körpers legst, die sich beruhigend anfühlt. *Damit spendest du dir in schwierigen Momenten selbst Trost* und signalisierst deinem Nervensystem, dass es sich entspannen darf.

38

Tankstelle Körper

Eine gute Balance zwischen
Aktivität und Ruhe sowie eine
genussvolle, gesunde Ernährung
stärken deinen Körper und
laden deine Batterien auf.

39

Atem zählen

Zähle deine Atemzüge: Eins – einatmen, zwei –
ausatmen, drei – einatmen, vier – ausatmen,
fünf – einatmen, sechs – ausatmen. Und dann
wieder zurück: Sechs – einatmen, fünf –
ausatmen, vier – einatmen, drei – ausatmen,
zwei – einatmen, eins – ausatmen ... In der
nächsten Runde bis sieben, wieder retour, dann
bis acht und so weiter. So trainierst du deine
Aufmerksamkeit, und der Fokus auf deinen Atem
beruhigt dein Nervensystem.

40

Der Ton macht die Musik

Erforsche deinen inneren Ton, wenn dir das nächste Mal ein Missgeschick passiert.

In welchem Ton sprichst du mit dir selbst?

Welche Sätze und Worte sagst du dir selbst, wenn du einen Fehler gemacht hast? Würdest du so mit einer Freundin sprechen, die dir am Herzen liegt?

41

Jeder Mensch ist ein Künstler

Verbinde dich mit deinem kreativen Anteil und spüre deine *Schöpferkraft*. Wie lebst du deine Kreativität?

42

Ohren auf

Nutze deinen Hörsinn, um deine Achtsamkeit zu üben. Was kannst du jetzt gerade hören? Lenke deine Aufmerksamkeit auf die Geräusche, die du wahrnehmen kannst – und die Stille dazwischen. Was hörst du im Raum? Und von draußen? Und welche Geräusche kannst du aus deinem Körperinneren wahrnehmen?

Mit deinem Lieblingsduft meditieren

Nimm dir bewusst ein paar Minuten Zeit für eine Duftmeditation. Besorge dir dafür deine Lieblingsblumen oder deinen Lieblingsduft in Form eines ätherischen Öls, einer Creme oder eines Parfüms. Lenke deine Aufmerksamkeit auf deinen Lieblingsduft, atme ihn tief ein und bemerke, welche Empfindungen dabei entstehen. Welche Gefühle tauchen auf? Welche Bilder?

44

Mit dir selbst Händchen halten

Lege deine Hände ineinander und *spüre ihre Berührung*. Dann reibe deine Hände, als würdest du sie waschen oder streicheln. Welche Temperatur haben deine Hände? Wie ist die Haut, glatt oder rau? Wie fühlt sich diese Berührung an?

45

Me-Time

Trage dir im Kalender
Termine ein,
die du dir für Zeit
mit dir selbst
reservierst.

46

Sei lieb zu dir

Wenn das Leben stressig oder gar grausam
zu dir ist, machst du alles nur noch schlimmer,
wenn du sehr selbstkritisch und kaltherzig mit dir
umgehst. Gerade in Zeiten der Not brauchst
du Freundlichkeit und Trost – *wie jeder Mensch!*

47

Wenn du es eilig hast,
gehe langsam

Nimm bewusst Tempo raus
und lasse dir Zeit,
wenn du dich sehr gehetzt fühlst.

48

Heilsame Natur

Die Natur ist immer da für dich und sie
beurteilt dich nicht. Gehe hinaus in den Wald,
auf eine Wiese oder einen Berg und
erlaube dir, ganz du zu sein.

49

Fehlerschule

Jeder Fehler ist eine Gelegenheit
zu lernen und zu wachsen.
Verdamme dich nicht dafür,
sondern *nutze deine Chancen!*
Mache eine Liste mit all den
Fehlern, aus denen du bereits
gelernt hast.

50

Wenn du
auf dein Herz hörst ...

Nimm mit deinem Herzen Kontakt auf und höre,
was es dir heute zu sagen hat.

51

Perfekt unperfekt

Wenn du weißt, dass du perfekt unperfekt bist,
kannst du dich innerlich entspannen.

52

Pausen sind produktiver als ihr Ruf

Dein Körper und dein Gehirn brauchen *regelmäßige Pausen*, um sich zu regenerieren und Erfahrungen zu verarbeiten. Besonders wenn wir Neues lernen, sind Pausen wichtig: Die Neurowissenschaft weiß heute, dass das eigentliche Lernen zwischen den Trainingseinheiten stattfindet, also in den Pausen. Eine gesunde Pausenkultur unterstützt dein Lernen und deine Entwicklung!

53

Vergeben und Verzeihen

Eines der mutigsten und heilsamsten Dinge,
die wir tun können, ist, uns selbst und anderen
zu verzeihen sowie um Verzeihung zu bitten.
Niemand und nichts ist perfekt. An Verletzungen
und Wut festzuhalten, vergiftet dein Leben und
macht dich unfrei.

That's what Friends
are for

Die längste Glücksstudie der Welt
hat herausgefunden, dass der wesentliche Faktor
für ein glückliches und gesundes Leben
die Qualität deiner sozialen Beziehungen ist.

Welche Beziehung braucht heute deine Pflege?

55

Die Erde mit den Füßen küssen

Nimm dir Zeit für ein paar
bewusste Schritte.
Nimm deine Fußsohlen und
ihren Kontakt zum Boden wahr.
Gehe ganz langsam und
behutsam und stelle dir mit
jedem Schritt vor, dass du mit
deinen Füßen die Erde küsst.

56

Back to now

Bei welcher Tätigkeit fällt es dir leicht,
ganz im Hier und Jetzt zu sein?
Beim Musik hören? Im Gespräch mit deiner
Freundin? Beim Zeichnen? Beim Kochen?

*Mache dich auf die Suche nach den
einfachen Zugängen zu deiner Achtsamkeit
und kultiviere sie bewusst.*

57

Let it be

Loslassen ist eine wichtige Achtsamkeits-
qualität. Um sie zu üben, kannst du deine
Aufmerksamkeit in der Meditation auf
das Ausatmen richten. Mit jedem Ausatmen
lässt du die Luft wieder frei, deine Muskeln
entspannen sich.

*Mit jedem Atemzug kannst du auch
deine Vorstellung davon loslassen,
wie die Dinge sein sollen.*

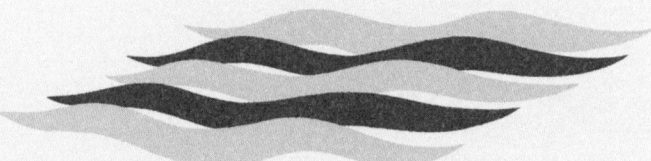

58

I am so grateful

Dankbarkeit ist eine sehr einfache und kraftvolle Achtsamkeitspraxis. Besonders *die kleinen Dinge* wertzuschätzen, die dir das Leben schenkt, ist dafür eine sehr gute Übung: *Dankbar* sein für ein sauberes T-Shirt, das freundliche Wort eines Fremden oder einen Regenschirm dabei zu haben, wenn es schüttet. Schreibe dir täglich auf, wofür du dankbar bist, und beobachte, was dies in dir verändert.

59

Dankbarkeit mindert Stress

Eine polnische Studie konnte zeigen, dass das Führen eines Dankbarkeits- tagebuchs die negativen Auswirkungen von Stress abmildern kann.

60

Sitzen ist das neue Rauchen

Forschungen haben herausgefunden,
dass bereits nach zehn Minuten Sitzen Durch-
blutungsstörungen in den Beinen auftreten.
Wer viel sitzt, gefährdet nicht nur seinen Muskel-
und Bewegungsapparat, sondern begünstigt
Übergewicht, Diabetes, Depressionen und sogar
Krebs. Wenn du viel am Schreibtisch sitzt, mache
es dir zur Gewohnheit, immer wieder aufzu-
stehen, eine Zeit lang im Stehen zu arbeiten
und dich kurz zu bewegen. Eine Achtsamkeits-
glocke, die dich regelmäßig daran erinnert,
kann dir dabei helfen, nicht zu lange
am Stück zu sitzen.

61

Thank God, it's raining

Ziehe dir beim nächsten Regen wasserdichte
Schuhe und Kleidung an und gehe hinaus
in die Natur. Mache dir bewusst, wie wichtig der
Regen für Pflanzen, Tiere und Menschen ist und
dass Wasser die *Grundlage unseres Lebens* ist.
Bedanke dich beim Regen und genieße es,
inmitten dieser Naturgeschenke zu sein.

62

Ich bin dann mal weg

Gönne dir eine Auszeit und nimm dich einen Tag lang aus allem raus. Lege das Handy weg und lasse Computer, Radio und Fernseher ausgeschaltet. Nimm keinerlei Informationen von außen zu dir, lies keine Bücher, Zeitschriften oder Zeitungen und *beschenke dich mit Stille, Meditation, Entspannung und Ruhe.* Verwöhne deinen Körper und deine Seele, mache einen ausgedehnten Spaziergang in der stillen Natur und gehe früh ins Bett.

63

Es grünt so grün

Das Grün der Natur hat eine besonders entspannende und beruhigende Wirkung auf uns. Gehe in einen Garten, einen Park oder einen Wald und verbinde dich mit der Farbe Grün. Nimm die vielen verschiedenen Grüntöne wahr, entdecke die Vielfalt der Blätter, Formen und Oberflächen der Pflanzen. Lenke bei deinem Spaziergang deine Aufmerksamkeit auf alles Grüne und nimm wahr, wie dein Körper darauf reagiert. Wie spürst du den Tonus deiner Muskeln? Wie fließt dein Atem?

64

Neue Wege gehen

Mache heute etwas, das du noch nie gemacht hast, und verlasse ausgetretene Pfade. *Damit übst du deinen „Anfängergeist".* Vielleicht gehst du heute einmal einen anderen Weg zu deiner Arbeit. Oder du probierst ein neues, dir noch völlig fremdes Gewürz beim Kochen aus? Vielleicht kommst du heute erstmals mit einem Mitbewohner in deinem Haus ins Gespräch, den du noch nicht kennst, oder du meldest dich für einen Sprachkurs an. Lass dich überraschen, was du entdeckst!

65

Boden spüren

Ziehe deine Schuhe aus und laufe barfuß.
Wie fühlt sich der Untergrund an? Ist der Boden
kalt und hart? Oder gehst du auf weichem,
warmem Gras? Wie spürst du deine Füße,
wenn du barfuß gehst?

Spürst du die Verbundenheit mit der Erde?

66

Starry, starry Night

Mache in der nächsten sternenklaren
Nacht einen Spaziergang und
bade im Mond- und Sternenlicht.

Dein Hier-und-Jetzt-Stein

Suche dir beim nächsten Spaziergang in der Natur einen Stein und mache ihn zu deinem Hier-und-Jetzt-Stein. Schließe die Augen und spüre, wie sich der Stein in deiner Hand anfühlt. Welche Form hat er? Welches Gewicht? Wie fühlt sich seine Oberfläche an? Welche Temperatur hat der Stein? Dann öffne die Augen und betrachte ihn, als hättest du noch nie einen Stein gesehen. Wie sieht er aus? Welche Farben kannst du entdecken? Trage den Stein bei dir. Wann immer du innerlich gestresst bist, nimm deinen Stein zur Hand und *nimm wahr, was du spürst.*

68

Wer loslässt,
hat beide Hände frei

Übe das Loslassen, indem
du mehrmals am Tag,
deine Hände bewusst
entspannst, in deinen
Schoß legst und ein paar
Atemzüge lang dein
Tun unterbrichst.

69

Dankbarer Bodyscan

Wandere mit deiner Aufmerksamkeit durch deinen Körper und bedanke dich bei deinen Füßen, Beinen, Armen, Händen, deinen Organen und allen einzelnen Körperteilen, dass sie für dich da sind und dir ein Leben in einem menschlichen Körper ermöglichen. Wenn einzelne Körperteile schmerzen oder krank sind, schenke ihnen *liebevolle Wärme und Mitgefühl,* so wie du es einer kranken Freundin schenken würdest.

70

Zum Baum werden

Stelle dich aufrecht hin und versuche dir vorzustellen, ein Baum zu sein. Spüre deine Füße am Boden und wie aus deinen Fußflächen Wurzeln in die Erde wachsen. Wiege deinen Körper sanft hin und her, als würde der Wind dich bewegen. Stelle dir vor, wie sich singende Vögel in deiner Baumkrone niederlassen. *Kannst du deine Verbindung zur Natur wahrnehmen?*

71

Achtsame Fensterpause

Unterbrich mehrmals am Tag deine Routinen
mit einer achtsamen Fensterpause. Was kannst
du draußen wahrnehmen? Was siehst du?
Welche Geräusche hörst du? Welche Gerüche
sind wahrnehmbar? Wenn die Luft frisch
und sauber ist, erlaube dir ein paar tiefe,
bewusste Atemzüge.

72

It's Tea-Time

Nimm dir regelmäßig Zeit, um dir mit Achtsamkeit deinen Lieblingstee zuzubereiten. Beginne dabei, dir bewusst zu machen, welches Geschenk es ist, dass du sauberes Wasser hast. Erhitze deinen Teekessel und lenke deine Aufmerksamkeit auf das Geräusch, das das Wasser beim Kochen entwickelt. Brühe deinen Lieblingstee auf, richte deine Aufmerksamkeit auf deinen Atem, während er zieht, und dann genieße ihn Schluck für Schluck mit Achtsamkeit.

73

Du bist genug!

74

Mindful Speech

Versuche heute, besonderes Augenmerk auf deine Sprache zu legen. *Worte sind sehr mächtig,* und häufig nähren wir mit unachtsamen Worten Stress und Hetze in unserem Leben. Wie oft sagst du „Ich muss noch schnell ...“?

75

Mindful Writing

Deine Gedanken, Gefühle und Körperempfindungen regelmäßig aufzuschreiben
unterstützt dich bei deiner Achtsamkeitspraxis
und schärft deine *Innenwahrnehmung*.
Besorge dir ein schönes Büchlein, in das du
gerne reinschreibst, und halte fest, wie es
dir geht und was du in dir erforschen kannst.

76

Einen sicheren Ort aufsuchen

Nimm dir ein paar Momente Zeit und suche in deiner Fantasie einen Ort auf, an dem du dich wohl und sicher fühlst. Das kann ein real existierender Ort sein wie eine bestimmte Wiese, ein Strand, deine Wohnung oder auch ein Fantasieort wie ein Stern in der Galaxie. Verbinde dich mit diesem Ort und verankere das entspannte und sichere Gefühl in dir. *Zu diesem Ort kannst du immer zurückkehren, wenn es im Außen mal schwierig ist.*

77

Crazy little Thing

Oft setzen wir uns damit unter Druck, dass alles
sinnvoll und klug sein muss, was wir tun.
Aber manchmal kann es sehr befreiend sein,
aus den vorgegebenen Bahnen auszubrechen
und etwas Verrücktes zu tun – natürlich ohne
sich selbst oder anderen Schaden zuzufügen.

*Mit welcher Verrücktheit kannst du
heute ausbrechen?*

78

Geduld kann man üben

Wenn du das nächste Mal auf einen Bus,
bei einem Arzt oder sonst wo warten musst,
nutze die Wartezeit für eine bewusste
Achtsamkeitsübung, anstatt dich in deinem
Handy zu verlieren oder dich über die „verlorene
Zeit" zu ärgern. Beobachte deine Ungeduld
und was du heute über sie erfahren kannst.

79

Be a Present

Wenn wir mit anderen Menschen in Kontakt sind, ist unsere *ungeteilte Aufmerksamkeit* ein wahres Geschenk. Erforsche, wie sehr du im Gespräch mit anderen Menschen wirklich bei ihnen bist und wann sich deine Aufmerksamkeit in eigenen Gedanken oder Gefühlen verliert.

80

Win-Win-Situation

Wenn wir unseren Mitmenschen mit Respekt und Freundlichkeit begegnen, erhöht das unsere Chancen ungemein, dass auch wir gut behandelt werden. Zudem fühlen sich Wertschätzung und Wohlwollen auch für uns selbst sehr angenehm an. Deine Freundlichkeit zu trainieren ist also eine klare Win-Win-Situation für dich und deine Umwelt!

Schlaf, Kindlein schlaf

Eine der wichtigsten Gesundheitsquellen ist
unser Schlaf. Im Schlaf finden Reparaturprozesse
statt, wir lernen im Schlaf, und unsere
psychische, geistige und emotionale Gesundheit
hängt in großem Ausmaß von einem
gesunden Schlaf ab.
Wie gesund sind deine Schlafgewohnheiten
und *wie erholsam ist dein Schlaf?*

82

Gefühle sind wie das Wetter

Gefühle kommen und gehen
wie Wolken am Himmel.
Glaubst du, dass die Sonne nie mehr
scheint, nur weil es regnet?

83

Schenken ist ein Geschenk

Wenn wir wissen und spüren, wie reich wir sind und wieviel wir zu geben haben, macht es große Freude, wenn wir diesen Reichtum auch mit anderen teilen. Wen kannst du heute aus deinem inneren Reichtum heraus beschenken? Womit?

84

Ja oder Nein?

Wie oft sagst du zu etwas „Ja!", obwohl dir
eigentlich nach „Nein!" wäre – oder umgekehrt?
Erforsche deine Jas und Neins neugierig.
Was möchtest du verändern?

85

Willkommen im Club

Wenn du dich unzulänglich fühlst oder du bei
etwas versagt hast, erinnere dich daran,
dass jeder Mensch immer wieder mal versagt
und sich unzulänglich fühlt.
Du bist damit nicht alleine!

86

Taking in the Good

Um deinem Gehirn zu helfen, positive
Erfahrungen nachhaltig zu verankern,
musst du dir dafür Zeit nehmen. Mindestens
10 bis 20 Sekunden solltest du laut Neurowissenschaft deine Aufmerksamkeit auf eine
positive Erfahrung richten, damit du sie
gut in dich aufnimmst.

87

Du verdienst deine Liebe

„Durchsuche das Universum nach einem
Wesen, das deine Liebe und Zuneigung mehr
verdient als du, du wirst es nirgends finden.
Du selbst verdienst deine Liebe und
Zuneigung ebenso sehr wie jedes andere
Wesen im Universum."

BUDDHA

88

Mindful Walk

Mache einen Spaziergang und weite deine
Aufmerksamkeit wie einen großen Scheinwerfer.
Was kannst du alles wahrnehmen?
Am Boden? Im Himmel?
In dir? Rund um dich herum?

Dankbarkeit
mit Verbundenheit

Wie viel Gutes und wie viel
Unterstützung erfährst du?
Wie viele Lebewesen tragen täglich
zu deinem Wohlergehen und
Überleben bei? Nähre dich
mit dem kraftvollen Gefühl von
Verbundenheit.

Beautiful Flowers

Suche dir in der Natur eine Blume oder kaufe dir ein kleines Blumenstöckchen und mache es zu deinem Meditationsobjekt. Wie sieht die Blume aus? Welche Farben kannst du entdecken? Strukturen? Blatt- und Blütenformen? Wie riecht sie? Was kannst du noch spüren?

Powerful Heart

Verbinde dich mit der Kraft deines Herzens. Denke an jemanden, den du bedingungslos liebst, ein Wesen, zu dem deine Liebe ganz leicht fließt – wie ein Kind oder ein Haustier. *Spüre das warme und wohlige Gefühl* in deinem Herzen und bleibe mit deiner Aufmerksamkeit ein paar Atemzüge bei diesem Gefühl. Wiederhole die Übung regelmäßig.

92

Private Dancer

Ziehe dich dorthin zurück,
wo du ungestört bist, dann lege
deine Lieblingsmusik auf
und tanze so, wie du tanzt,
wenn dich keiner sieht!

93

„Wer innehält,
erhält von innen Halt."

LAOTSE

Wenn du regelmäßig innehältst, kannst du
deine Gedanken und Gefühle wahrnehmen,
ohne dich in sie verstricken zu müssen.

94

Deine Werte

Mache dir eine Liste jener Werte und
Geisteshaltungen, die in deinem Leben eine
wichtige Bedeutung haben. Suche dir deinen
Lieblingswert und mache eine weitere Liste,
wie du diesen Wert bereits lebst und was
du noch tun kannst, um ihn noch mehr in dein
Leben zu holen.

95

Digital Mindfulness

Geräuschvolle Push-Nachrichten von Handys oder Computern versetzen unser Gehirn (und das unserer Mitmenschen) regelmäßig in Alarmzustand. Reduziere diese oder schalte sie ganz ab und benutze deine Geräte durch bewusste Entscheidung dann, wann DU willst, nicht, wann sie nach dir schreien!

96

Herz trifft Geist im Jetzt

Das chinesische Schriftzeichen für Achtsamkeit
setzt sich aus den Begriffen *Herz, Jetzt und
Geist* zusammen. Wir trainieren mit Achtsamkeit also, unseren Geist und unser Herz im
gegenwärtigen Moment zusammenzubringen.

97

Zwei Flügel eines Vogels

Achtsamkeit und Mitgefühl
sind zwei Flügel eines Vogels.

98

Mit Selbstfreundlichkeit
zur Top-Performance

Studien zeigen, dass eine freundliche und
mitfühlende Haltung gegenüber sich selbst
sportliche Leistungen von Sportler*innen
mehr fördert als ein selbstkritischer Umgang.

99

Lächle, und die Welt lacht mit dir

Mit einem echten und herzlichen Lächeln können wir uns direkt mit dem Herzen anderer Menschen verbinden. Übe regelmäßig, die positive Kraft der Verbundenheit in die Welt zu tragen. *Wem kannst du heute ein Lächeln schenken?* Dir selbst? Deinem Partner, deiner Partnerin? Einer fremden Person?

Du möchtest noch mehr von uns kennenlernen?

© 2024 arsEdition GmbH, Friedrichstr. 9, D-80801 München
Alle Rechte vorbehalten

Texte: Ulrike Zika
Grafische Gestaltung Cover und Innenteil: Stefanie Wawer
Bildnachweise: Getty Images: S. 5: Toni Faint, S. 6: dvoevnore, S. 9: sestovic, S.10: coberschneider, S. 12: bojanstory, S. 15: PPAMPicture, S. 18: Emilija Manevska, S. 20: AscentXmedia, S. 24: Svitlana Buzina, S. 27: oticki, S. 28: baona, S. 31: Katsumi Murouchi, S. 32: Patrick Daxenbichler, S. 38: the__burtons, S. 41: Maximilian Zimmermann, Germany, S. 42: Anastasiia Shavshyna, S. 44: Christoph Wagner, S. 47: new look casting, S. 48: swissmediavision, S. 50: primeimages, S. 53: Alphotographic, S. 54: Giordano Cipriani, S. 56: AntonioGuillem, S. 60: microgen, S. 63: Rike__, S. 64: Peter Zelei Images, S. 67: Tony Rowell, S. 69: marian, S. 72: DianaHirsch, S. 74: Panisa Poolpol, S. 78: the__burtons, S. 81: Linda Raymond, S. 83: BogdanV, S. 84: EschCollection, S. 87: Maria Korneeva, S. 88: Westend61, S. 90: Liliya Krueger, S. 93: James O'Neil, S. 96: wingmar, S. 98: Rizky Panuntun; www.shutterstock.com: S. 16: Magenta10, S. 23: Viewvie, S. 35: KieferPix, S. 37: FUN FUN PHOTO, S. 59: icemanphotos, S. 71: ko won sang, S. 95: everst, S. 97: Magenta10
Illustrationen Cover und Innenteil: Olga Kawa

ISBN: 978-3-8458-6286-6

Wir behalten uns die Nutzung unserer Inhalte für Text und Data Mining im Sinne von § 44b UrhG ausdrücklich vor.

www.arsedition.de

MIX
Papier | Fördert
gute Waldnutzung
FSC® C018236